Impressum
Verlag: BABADADA GmbH, Nedderfeld 112 , 22529 Hamburg
Geschäftsführer / Verlagsleitung: Harald Hof
Druck: Books on Demand GmbH, In de Tarpen 42, 22848 Norderstedt

Imprint
Publisher: BABADADA GmbH, Nedderfeld 112 , 22529 Hamburg, Germany
Managing Director / Publishing direction: Harald Hof
Print: Books on Demand GmbH, In de Tarpen 42, 22848 Norderstedt

1

koulu
skool

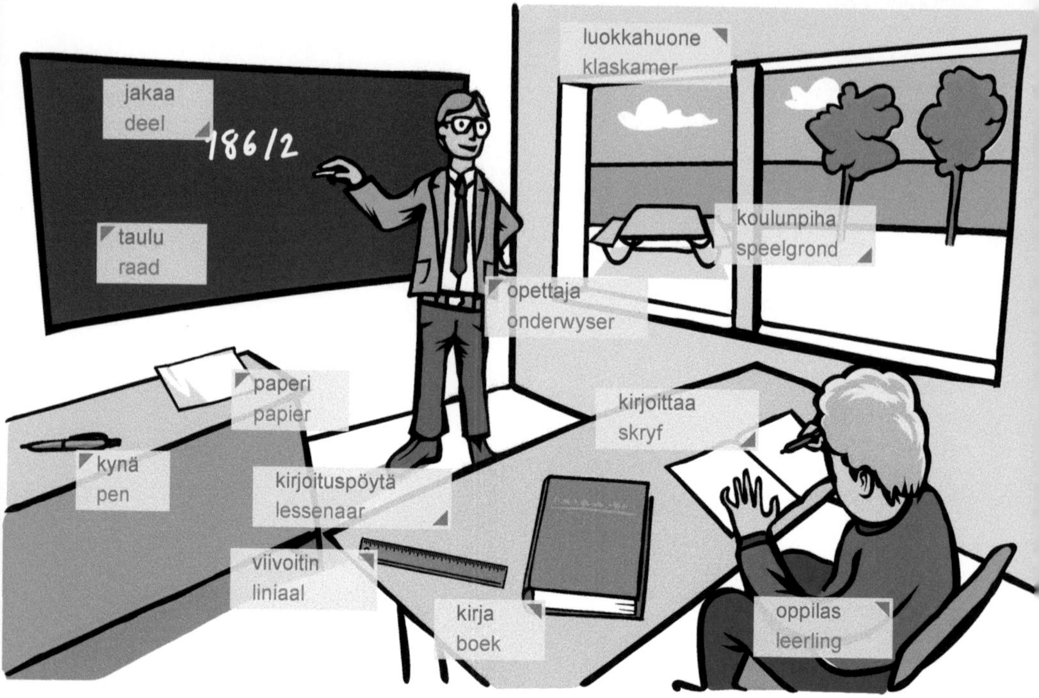
luokkahuone
klaskamer
jakaa
deel
186/2
taulu
raad
koulunpiha
speelgrond
opettaja
onderwyser
paperi
papier
kirjoittaa
skryf
kynä
pen
kirjoituspöytä
lessenaar
viivoitin
liniaal
kirja
boek
oppilas
leerling

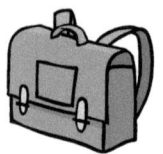

reppu
....
skooltas

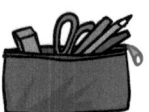

penaali
....
potloodhouer

lyijykynä
....
potlood

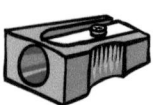

kynänteroitin
....
skerpmaker

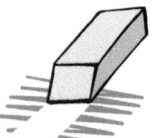

pyyhekumi
....
rubber

piirustuslehtiö
....
tekenblok

piirustus

tekening

pensseli

verfkwas

vesivärit

verfoppervlak

sakset

skêr

liima

gom

harjoituskirja

oefenboek

kotitehtävä

huiswerk

luku

aantal

lisätä

optel

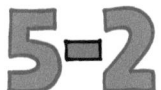

vähentää

aftrek

kertoa

maal

laskea

bereken

kirjain

brief

aakkoset

alaphabet

hello

sana

woord

teksti

teks

lukea

lees

liitu

kryt

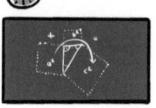

oppitunti

les

opettajan muistikirja

registreer

koe

eksamen

todistus

sertifikaat

koulupuku

skooluniform

koulutus

onderwys

sanakirja

ensiklopedie

yliopisto

universiteit

mikroskooppi

mikroskoop

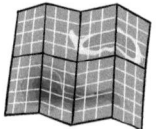

kartta

kaart

roskakori

vullisdrom

matka
reis

hotelli
hotel
Grand
retkeilymaja
hostel
ROOMS
CHANGE
rahanvaihto
bureau de change
matkalaukku
tas
auto
motor

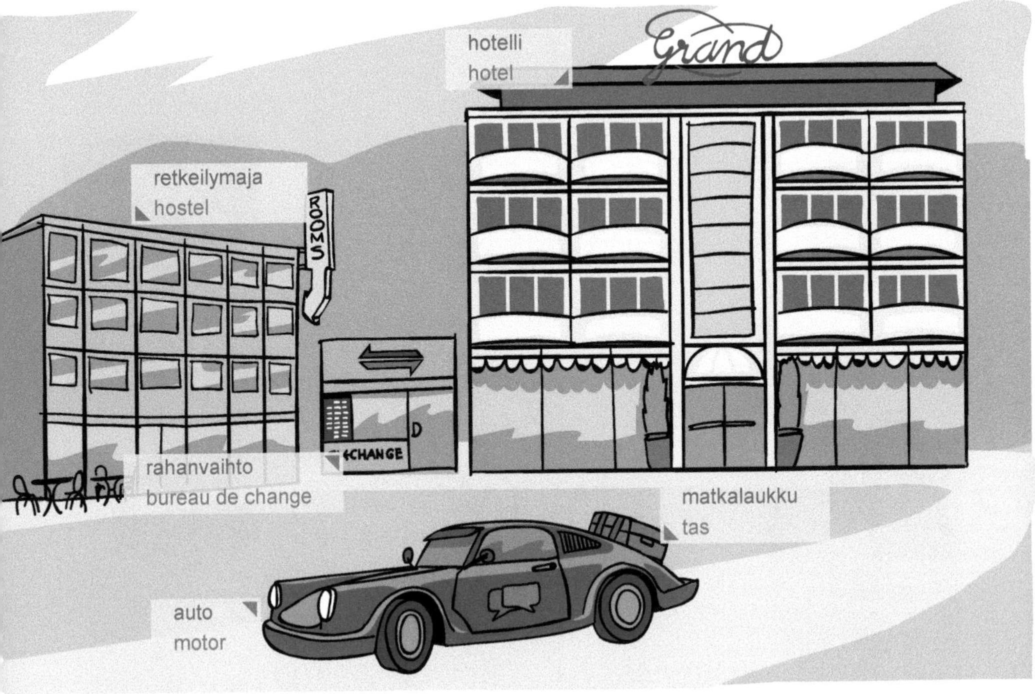

kieli

taal

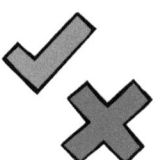

kyllä / ei

ja / nee

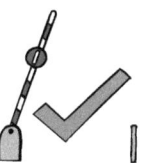

selvä

Goed

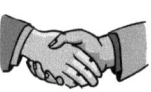

hei

hallo

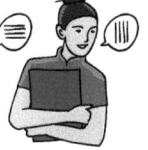

tulkki

vertaler

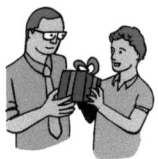

kiitos

Dankie

Paljonko...maksaa?

hoeveel is...?

en ymmärrä

Ek verstaan nie

ongelma

probleem

Hyvää iltaa!

Goeie naand!

Hyvää huomenta!

Goeie môre!

Hyvää yötä!

Goeie nag!

näkemiin

totsiens

suunta

rigting

matkatavarat

bagasie

laukku

sak

reppu

rugsak

vieras

gas

huone

kamer

makuupussi

slaapsak

teltta

tent

turisti-info

toeriste-inligting

ranta

strand

luottokortti

kredietkaart

aamupala

ontbyt

lounas

middagete

päivällinen

aandete

matkalippu

kaartjie

hissi

hysbak

postimerkki

posseël

raja

grens

tulli

doeane

suurlähetystö

ambassade

viisumi

visum

passi

paspoort

kuljetus

vervoer

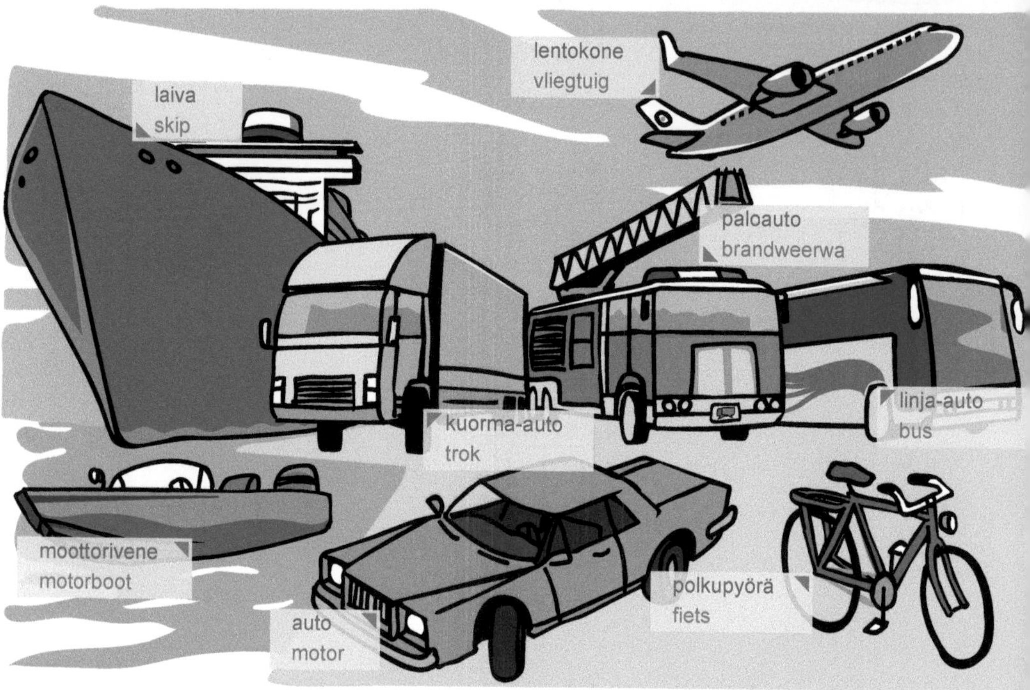
lentokone
vliegtuig
laiva
skip
paloauto
brandweerwa
linja-auto
bus
kuorma-auto
trok
moottorivene
motorboot
polkupyörä
fiets
auto
motor

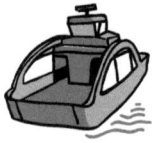

lautta

veerboot

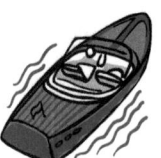

vene

boot

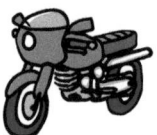

moottoripyörä

motorfiets

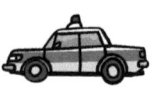

poliisiauto

polisiemotor

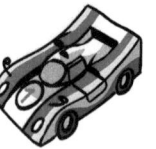

kilpa-auto

renmotor

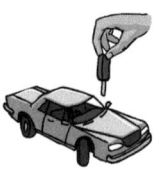

vuokra-auto

huurmotor

car sharing

car-sharing

hinausauto

insleepvoertuig

roska-auto

vullisverwydering

moottori

enjin

polttoaine

brandstof

huoltoasema

vulstasie

liikennemerkki

verkeersteken

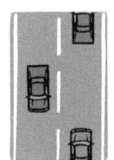

liikenne

verkeer

ruuhka

verkeersknoop

parkkipaikka

parkeerplek

rautatieasema

stasie

raiteet

spore

juna

trein

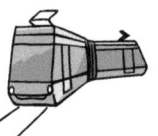

raitiovaunu

tram

vaunu

wa

helikopteri

helikopter

lentokenttä

lughawe

lähilennonjohto

toring

matkustaja

passasier

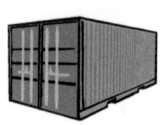

kontti

houer

pahvilaatikko

karton

kärryt

karretjie

kori

mandjie

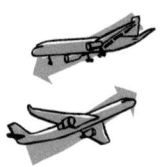

nousta / laskea

opstyg / land

kaupunki

stad

kylä

dorpie

keskusta

middestad

talo

huis

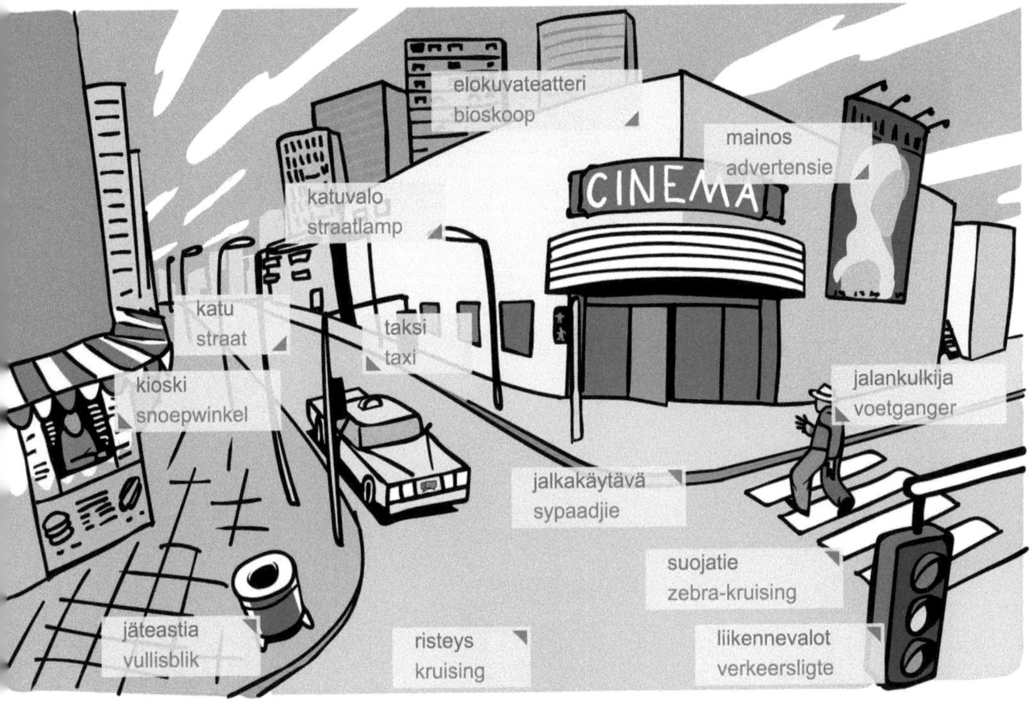

elokuvateatteri
bioskoop
mainos
advertensie
CINEMA
katuvalo
straatlamp
katu
straat
taksi
taxi
kioski
snoepwinkel
jalankulkija
voetganger
jalkakäytävä
sypaadjie
suojatie
zebra-kruising
jäteastia
vullisblik
risteys
kruising
liikennevalot
verkeersligte

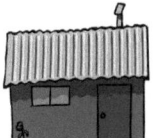

mökki

hut

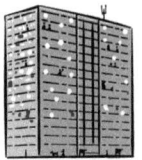

kerrostalo

woonstel

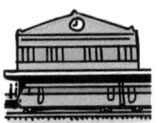

rautatieasema

stasie

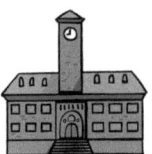

kaupungintalo

stadsaal

MUSEUM

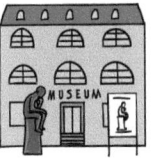

museo

museum

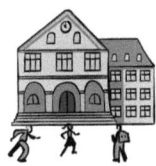

koulu

skool

yliopisto
universiteit

pankki
bank

sairaala
hospitaal

hotelli
hotel

apteekki
apteek

toimisto
kantoor

kirjakauppa
boekwinkel

liike
winkel

kukkakauppa
bloemis

supermarketti
supermark

tori
mark

tavaratalo
handelshuis

kalakauppias
viswinkel

ostoskeskus
inkopiesentrum

satama
hawe

kaupunki - stad

puisto
park

penkki
bankie

silta
brug

portaat
trappe

metro
moltrein

tunneli
tonnel

linja-autopysäkki
bushalte

baari
kroeg

ravintola
restaurant

postilaatikko
posbus

katukyltti
straatnaambord

parkkimittari
parkeermeter

eläintarha
dieretuin

uimala
swembad

moskeija
moskee

maatila

plaas

ympäristön saastuminen

besoedeling

hautausmaa

begraafplaas

kirkko

kerk

leikkikenttä

speelgrond

temppeli

tempel

maisema
landskap

lehti
blaar

tienviitta
padwyser

tie
pad

niitty
weiland

kivi
klip

puu
boom

retkeilijä
voetslaner

joki
rivier

ruoho
gras

kukka
blom

laakso
....
vallei

vuori
....
heuwel

järvi
....
meer

metsä
....
bos

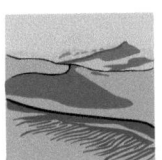

aavikko
....
woestyn

tulivuori
....
vulkaan

linna
....
kasteel

sateenkaari
....
reënboog

sieni
....
sampioen

palmu
....
palmboom

hyttynen
....
muskiet

kärpänen
....
vlieg

muurahainen
....
mier

mehiläinen
....
by

hämähäkki
....
spinnekop

maisema - landskap   15

kovakuoriainen

miskruier

sammakko

padda

orava

eekhoring

siili

krimpvarkie

jänis

haas

pöllö

uil

lintu

voël

joutsen

swaan

villisika

wildevark

peura

takbok

hirvi

elk

pato

opgaardam

tuulimylly

windturbine

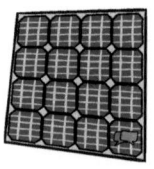

aurinkopaneeli

sonpaneel

ilmasto

klimaat

ravintola
restaurant

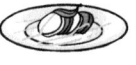

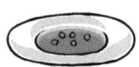

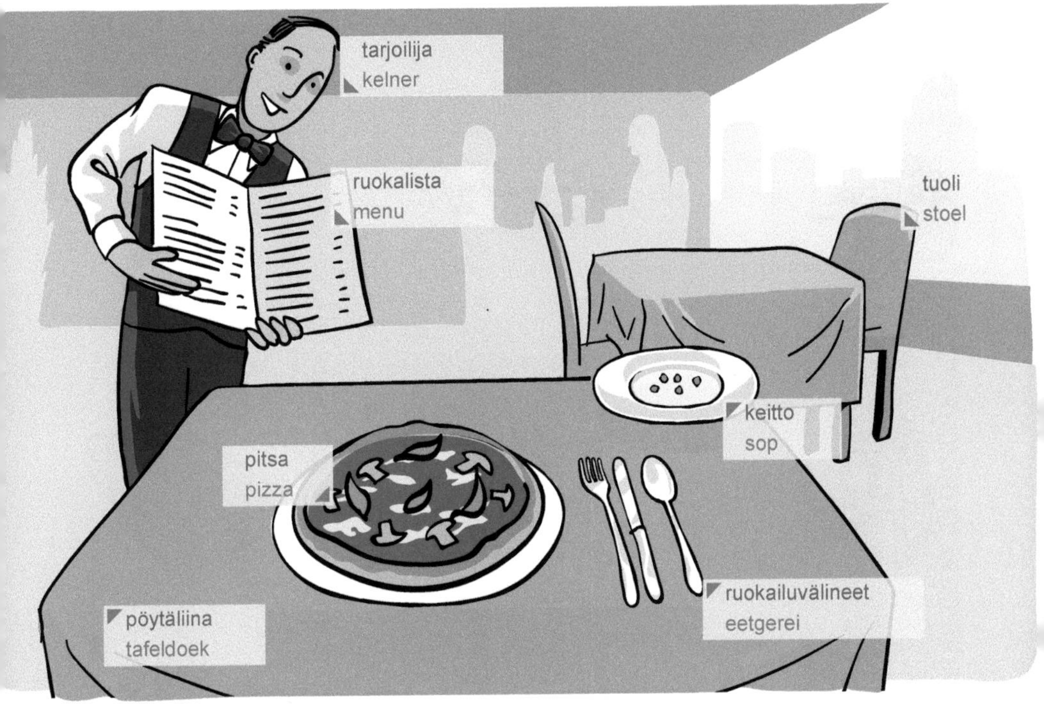
tarjoilija
kelner
ruokalista
menu
tuoli
stoel
keitto
sop
pitsa
pizza
ruokailuvälineet
eetgerei
pöytäliina
tafeldoek

alkuruoka

voorgereg

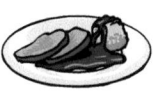

pääruoka

hoofgereg

jälkiruoka

nagereg

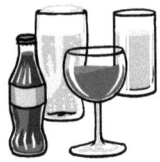

juomat

drankies

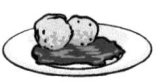

ruoka

kos

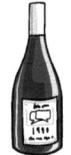

pullo

bottel

pikaruoka

kitskos

katuruoka

straatkos

teekannu

teepot

sokeriastia

suikerverpakking

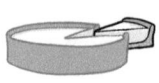

annos

porsie

espressokeitin

espresso masjien

syöttötuoli

hoë stoel

lasku

rekening

tarjotin

skinkbord

veitsi

mes

haarukka

vurk

lusikka

lepel

teelusikka

teelepel

servietti

servet

lasi

glas

lautanen
gereg

syvä lautanen
sopbakkie

aluslautanen
piering

kastike
sous

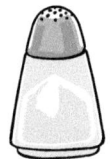

suolasirotin
soutpot

pippurimylly
pepermeul

etikka
asyn

öljy
olie

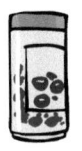

mausteet
speserye

ketsuppi
tamatiesous

sinappi
mosterd

majoneesi
mayonaise

supermarketti
supermark

tarjous
spesiale aanbieding
asiakas
kliënt
maitotuotteet
suiwelprodukte
hedelmät
vrugte
ostoskärryt
trollie
FOR

BUTCHERS

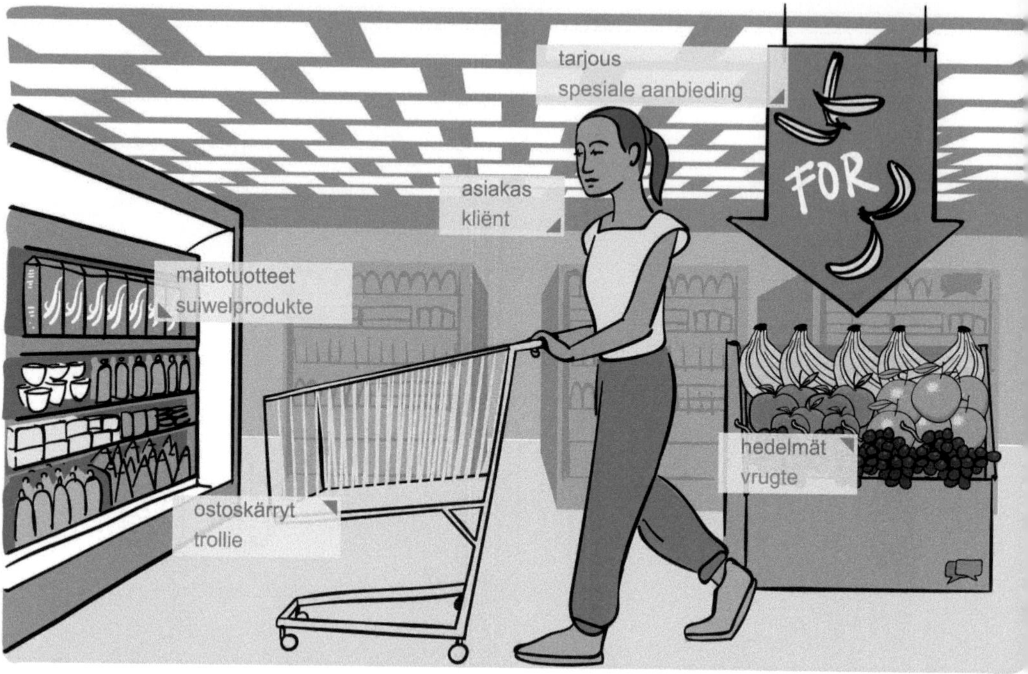

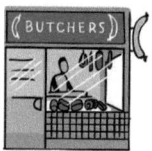

teurastamo

slaghuis

BAKERY

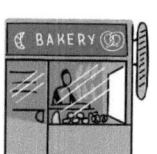

leipomo

bakkery

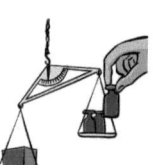

punnita

weeg

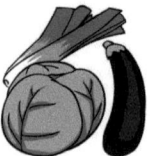

kasvikset

groente

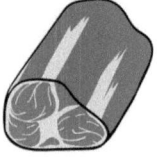

liha

vleis

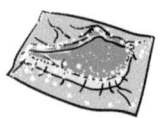

pakasteet

bevrore voedsel

leikkele
kouevleis

säilykkeet
blikkieskos

pesujauhe
waspoeier

makeiset
lekkers

kotitaloustarvikkeet
huishoudelike produkte

puhdistusaineet
skoonmaakprodukte

myyjä
verkoopsvrou

kassa
kasregister

kassanhoitaja
kassier

ostoslista
inkopielys

aukioloajat
besigheidsure

lompakko
beursie

luottokortti
kredietkaart

kassi
sak

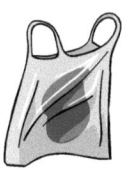

muovipussi
plastieksak

vesi

water

mehu

sap

maito

melk

kokis

coke

viini

wyn

olut

bier

alkoholi

alkohol

kaakao

kakao

tee

tee

kahvi

koffie

espresso

espresso

cappuccino

cappuccino

banaani

piesang

omena

appel

appelsiini

lemoen

meloni

waatlemoen

sitruuna

suurlemoen

porkkana

wortel

valkosipuli

knoffel

bambu

bamboes

sipuli

ui

sieni

sampioen

pähkinät

neute

spagetti

noedels

spagetti
spaghetti

riisi
rys

salaatti
slaai

ranskalaiset
aartappelskyfies

paistetut perunat
gebraaide aartappels

pitsa
pizza

hampurilainen
hamburger

voileipä
toebroodjie

leike
kotelet

kinkku
ham

salami
salami

makkara
wors

kana
hoender

paisti
braaivleis

kala
vis

kaurahiutaleet

hawermoutflokkies

mysli

muesli

murot

graanvlokkies

jauho

meel

voisarvi

croissant

sämpylä

broodrolletjie

leipä

brood

paahtoleipä

roosterbrood

keksit

koekies

voi

botter

rahka

dikmelk

kakku

koek

kananmuna

eier

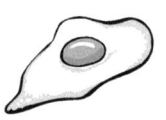

paistettu kananmuna

gebraaide eier

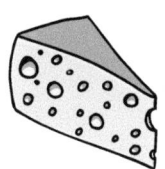

juusto

kaas

jäätelö

roomys

sokeri

suiker

hunaja

heuning

hillo

konfyt

suklaapähkinälevite

nougat-smeer

curry

kerrie

maatila
plaas

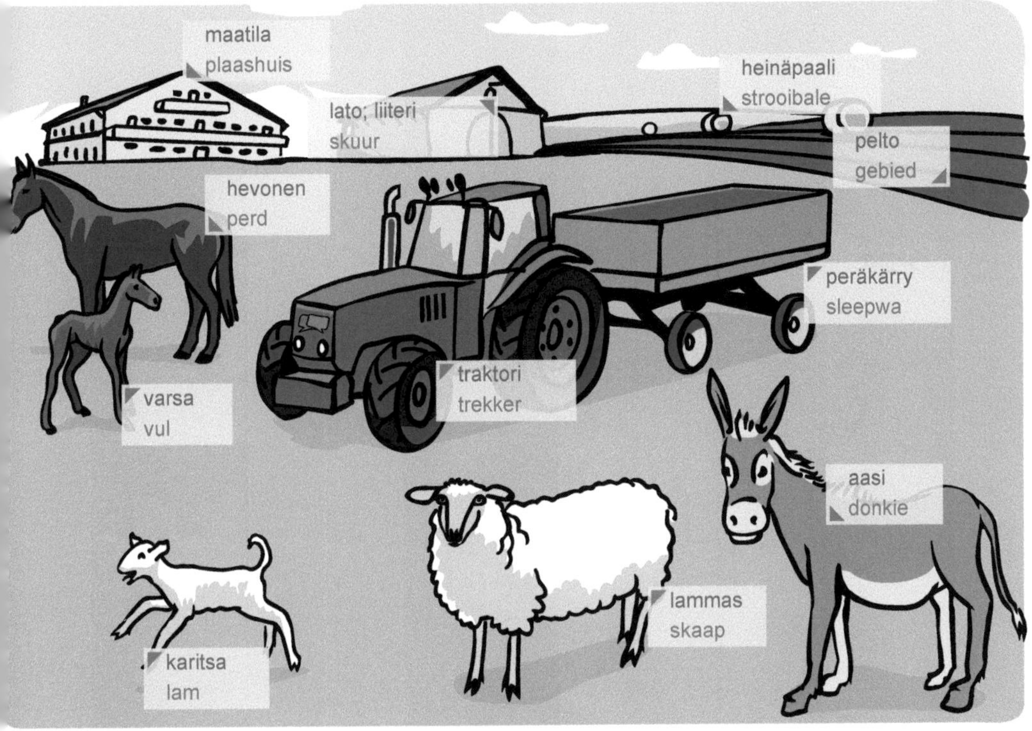
maatila
plaashuis
lato; liiteri
skuur
heinäpaali
strooibale
pelto
gebied
hevonen
perd
peräkärry
sleepwa
traktori
trekker
varsa
vul
aasi
donkie
lammas
skaap
karitsa
lam

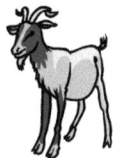

vuohi

bok

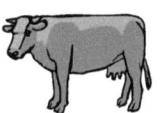

lehmä

koei

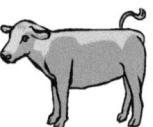

vasikka

kalf

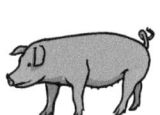

sika

vark

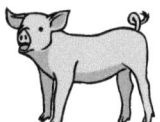

porsas

varkie

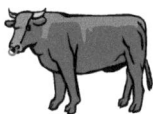

sonni

bul

hanhi
gans

ankka
eend

tipu
kuiken

kana
hen

kukko
haan

rotta
rot

kissa
kat

hiiri
muis

härkä
os

koira
hond

koirankoppi
hondehok

puutarhaletku
tuinslang

kastelukannu
gieter

viikate
sens

aura
ploeg

sirppi

sekel

kuokka

skoffel

talikko

gaffel

kirves

byl

kottikärryt

kruiwa

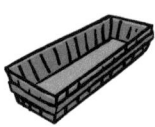

kaukalo

trog

maitokannu

melkkan

säkki

sak

aita

heining

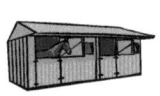

talli

stal

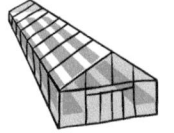

kasvihuone

kweekhuis

maa

grond

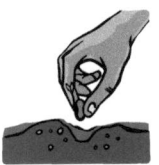

siemen

saad

lannoite

kunsmis

leikkuupuimuri

stroper

kerätä sato

oes

sato

oes

jamssit

yam

vehnä

koring

soija

soja

peruna

aartappel

maissi

koring

rypsi

raapsaad

hedelmäpuu

vrugteboom

maniokki

broodwortel

vilja

graan

maatila - plaas

talo
huis

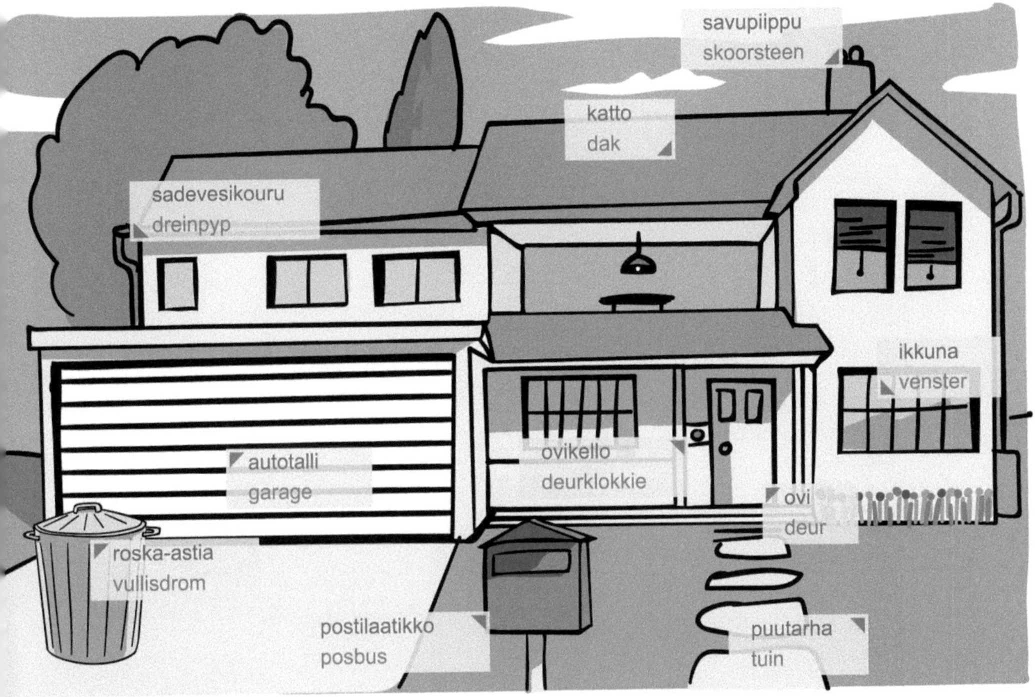
savupiippu
skoorsteen
katto
dak
sadevesikouru
dreinpyp
ikkuna
venster
autotalli
garage
ovikello
deurklokkie
ovi
deur
roska-astia
vullisdrom
postilaatikko
posbus
puutarha
tuin

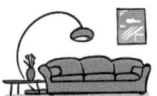

olohuone

woonkamer

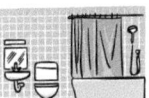

kylpyhuone

badkamer

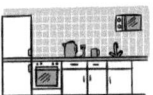

keittiö

kombuis

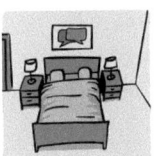

makuuhuone

slaapkamer

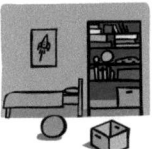

lastenhuone

kinderkamer

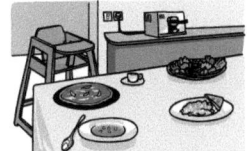

ruokahuone

eetkamer

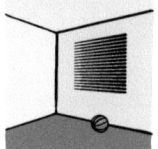

lattia

vloer

seinä

muur

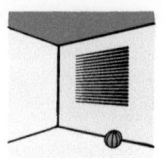

katto

plafon

kellari

kelder

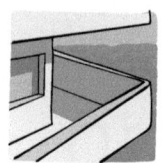

sauna

sauna

parveke

balkon

terassi

terras

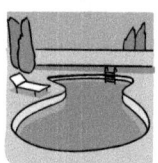

uima-allas

swembad

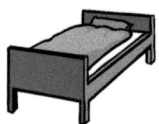

ruohonleikkuri

grassnyer

lakana

beddegoedoortreksel

päiväpeitto

deken

sänky

bed

harja

besem

ämpäri

emmer

katkaisin

skakelaar

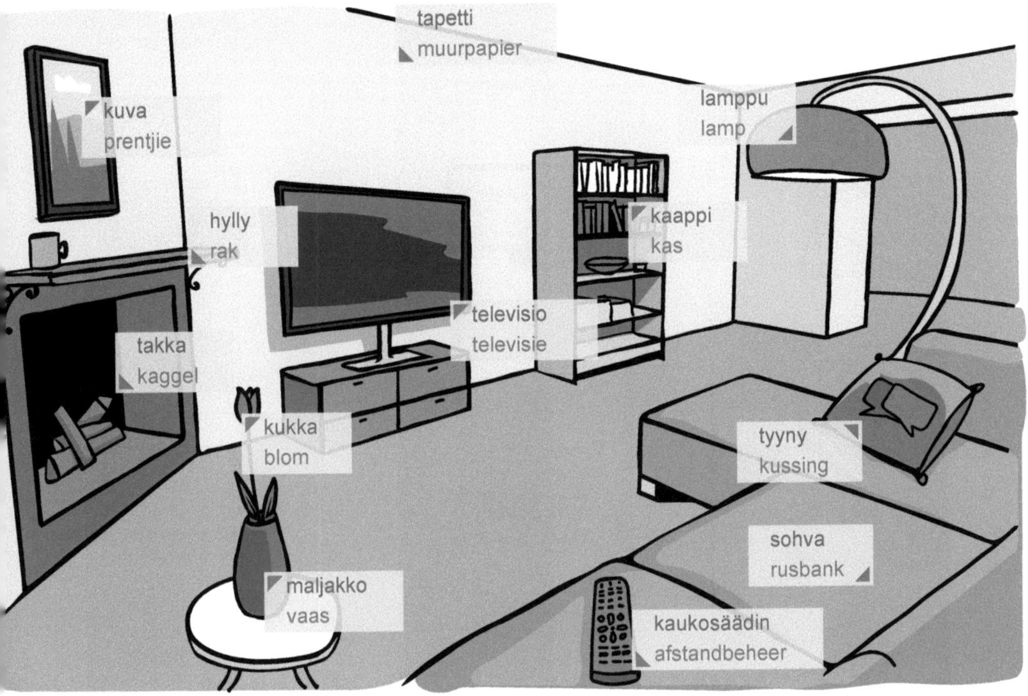

tapetti
muurpapier

kuva
prentjie

lamppu
lamp

hylly
rak

kaappi
kas

takka
kaggel

televisio
televisie

kukka
blom

tyyny
kussing

sohva
rusbank

maljakko
vaas

kaukosäädin
afstandbeheer

matto

mat

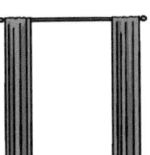

verho

gordyn

pöytä

tafel

tuoli

stoel

keinutuoli

wiegstoel

nojatuoli

leunstoel

kirja
boek

peitto
kombers

koriste
versiering

polttopuut
vuurmaakhout

elokuva
film

stereot
hoëtroustel

avain
sleutel

sanomalehti
koerant

maalaus
skildery

juliste
plakkaat

radio
radio

muistivihko
notaboekie

pölynimuri
stofsuier

kaktus
kaktus

kynttilä
kers

keittiö
kombuis

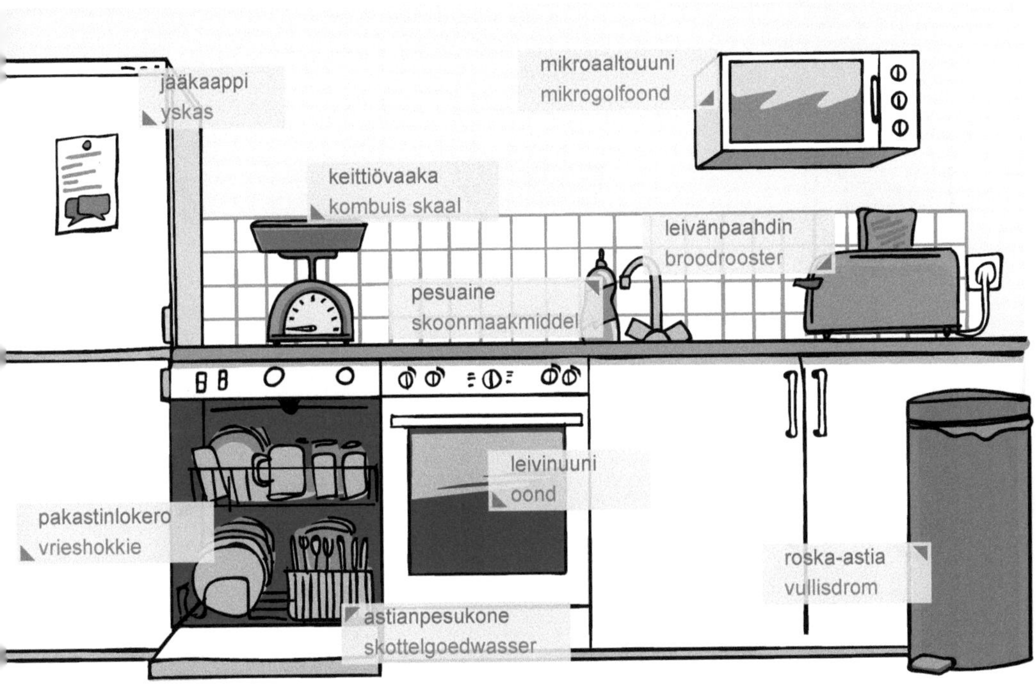

jääkaappi
yskas
mikroaaltouuni
mikrogolfoond
keittiövaaka
kombuis skaal
leivänpaahdin
broodrooster
pesuaine
skoonmaakmiddel
leivinuuni
oond
pakastinlokero
vrieshokkie
roska-astia
vullisdrom
astianpesukone
skottelgoedwasser

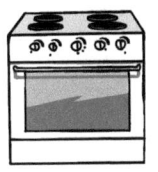

liesi

drukkoker

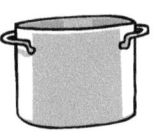

kattila

pot

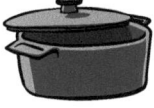

rautapata

ysterpot

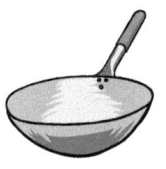

vokkipannu / kadai-pannu

wok / kadai

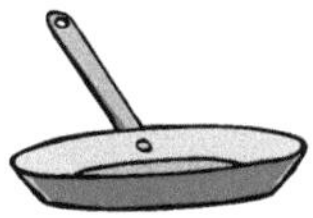

paistinpannu

pan

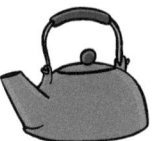

teepannu

ketel

höyrykeitin

stoomkoker

uunipelti

bakplaat

astiat

breekware

muki

beker

kulho

bak

syömäpuikot

eetstokkie

kauha

skeplepel

paistinlasta

spatel

vispilä

klitser

siivilä

sif

siivilä

sif

raastin

rasper

mortteli

vysel

grilli

braai

avotuli

oop vuur

leikkuulauta
broodplank

kaulin
koekroller

korkinavaaja
kurktrekker

purkki
kan

purkinavaaja
blikoopmaker

pannulappu
vatlap

lavuaari
opwasbak

tiskiharja
borsel

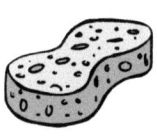

pesusieni
spons

tehosekoitin
menger

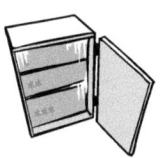

pakastin
vrieskas

tuttipullo
bababottel

vesihana
kraan

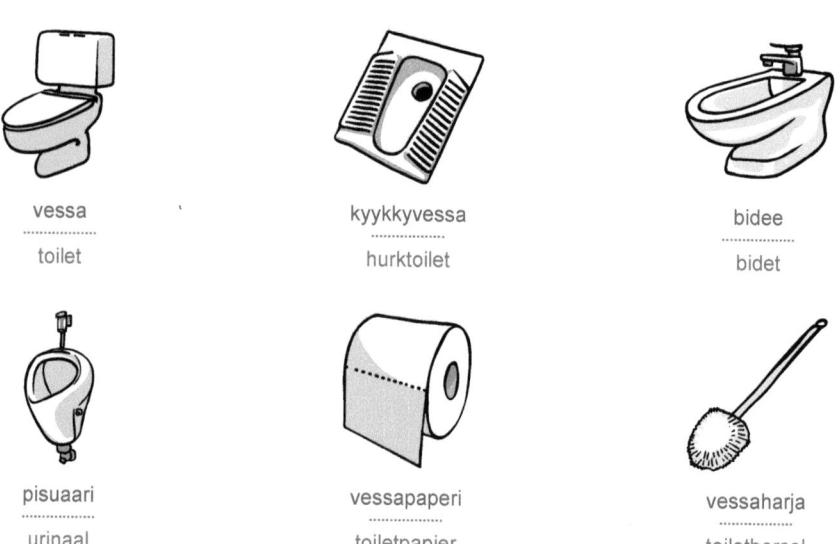

kylpyhuone
badkamer

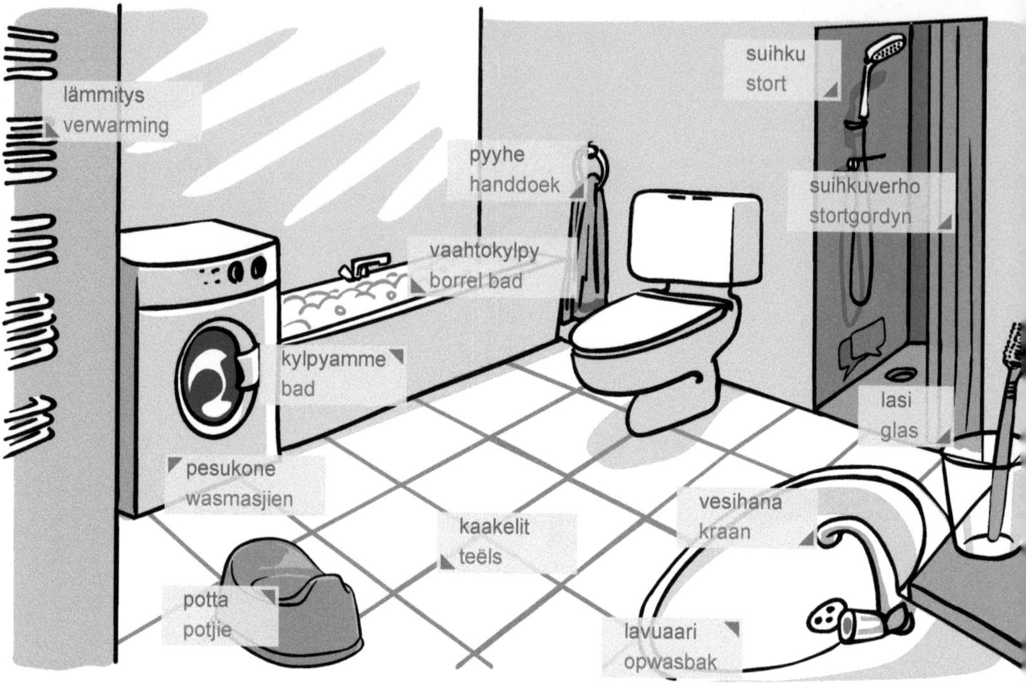
lämmitys
verwarming
pyyhe
handdoek
vaahtokylpy
borrel bad
suihku
stort
suihkuverho
stortgordyn
kylpyamme
bad
pesukone
wasmasjien
lasi
glas
vesihana
kraan
kaakelit
teëls
potta
potjie
lavuaari
opwasbak

vessa
toilet

kyykkyvessa
hurktoilet

bidee
bidet

pisuaari
urinaal

vessapaperi
toiletpapier

vessaharja
toiletborsel

hammasharja

tandeborsel

hammastahna

tandepasta

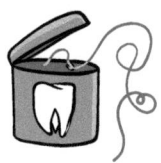

hammaslanka

tande vlos

pestä

was

käsisuihku

handstort

intiimisuihku

stort

pesuvati

wasbak

selkäharja

rugkantborsel

saippua

seep

suihkugeeli

stortgel

shampoo

sjampoe

pesulappu

flanel

viemäri

drein

voide

room

deodorantti

reukweerder

peili

spieël

käsipeili

spieëltjie

partaveitsi

skeermes

partavaahto

skeerroom

partavesi

naskeermiddel

kampa

kam

harja

borsel

hiustenkuivaaja

haardroër

hiuslakka

haarsproei

meikki

grimmering

huulipuna

lipstifie

kynsilakka

naellak

pumpuli

watte

kynsisakset

naelknipper

hajuvesi

parfuum

kosmetiikkalaukku
toiletsakkie

jakkara
stoel

vaaka
skaal

kylpytakki
badjas

kumihansikkaat
rubberhandskoene

tamponi
tampon

terveysside
sanitêre handdoek

kemiallinen wc
chemiese toilet

lastenhuone
kinderkamer

herätyskello
wekker
pehmolelu
snoesige speelding
leikkiauto
speelgoedkarretjie
helistin
ratel
nukkekoti
pophuis
lahja
geskenk

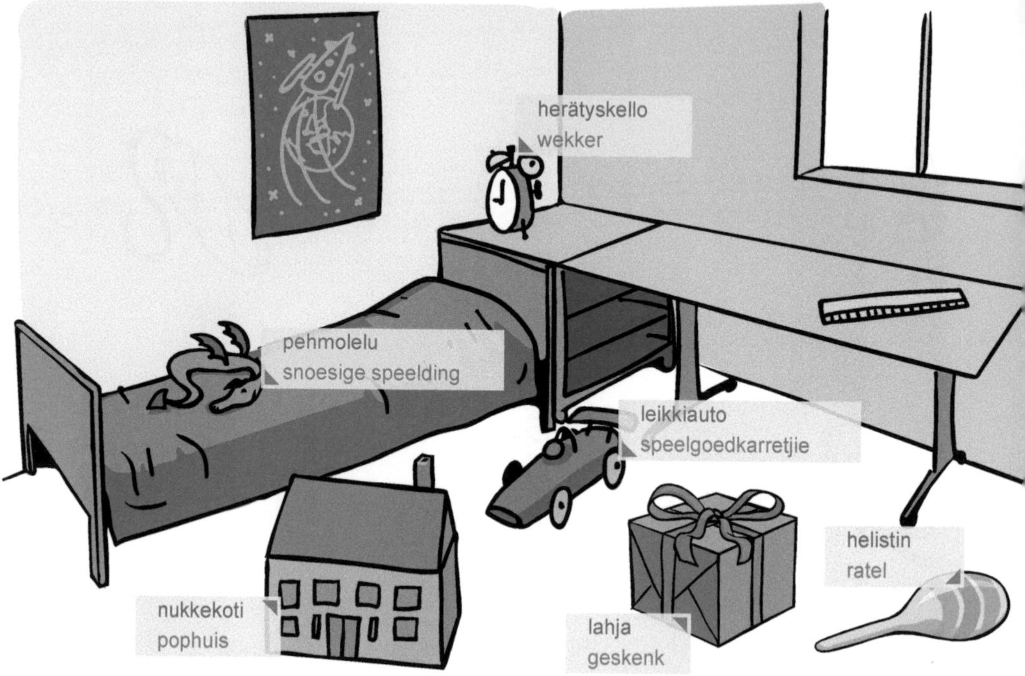

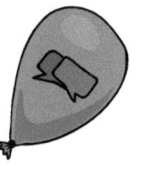

ilmapallo

ballon

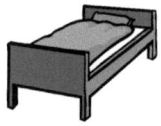

sänky

bed

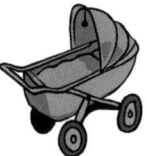

lastenvaunut

stootwaentjie

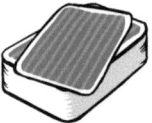

korttipeli

kaartespel

palapeli

legkaart

SUPER
MEGA

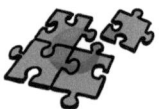

sarjakuva

tekenprent

legopalikat

lego-blokkies

rakennuspalikat

speelgoedblokke

supersankari

animasieheld

potkupuku

groeipakkie

frisbee

frisbee

mobile

mobile

lautapeli

bordspeletjie

noppa

dobbelsteen

pienoisjunarata

model trein stel

tutti

fopspeen

juhlat

partytjie

kuvakirja

prenteboek

pallo

bal

nukke

pop

leikkiä

speel

hiekkalaatikko

sandput

keinu

swaai

lelut

speelgoed

pelikonsoli

videospeletjie-konsole

kolmipyörä

driewiel

nalle

teddiebeer

vaatekaappi

klerekas

sukat

sokkies

nylonsukat

kouse

sukkahousut

broekiekouse

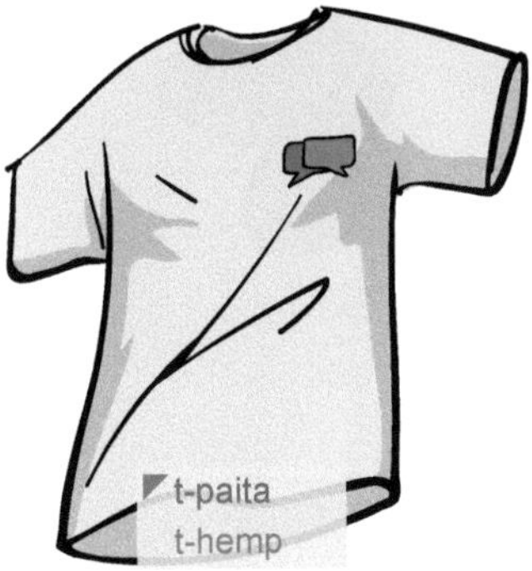

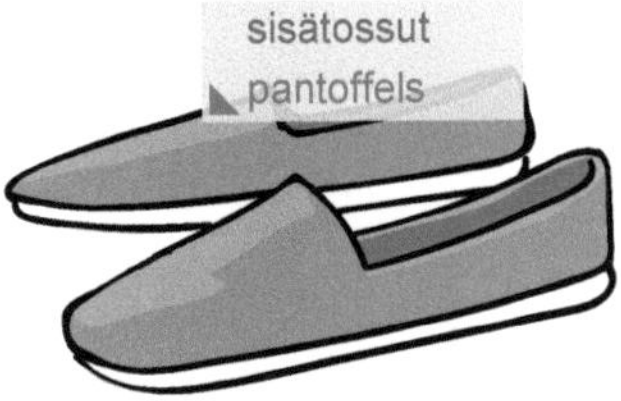

kaulaliina
serp

sateenvarjo
sambreel

t-paita
t-hemp

vyö
belt

saappaat
skoene

sisätossut
pantoffels

lenkkarit
tekkies

sandaalit
sandale

kengät
skoene

kumisaappaat
rubber stewels

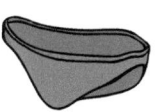

alushousut
onderbroek

rintaliivit
bra

aluspaita
onderbaadjie

vaatteet - klere

body
liggaam

housut
broek

farkut
jeans

hame
romp

pusero
bloes

paita
hemp

villapaita
oortrektrui

collegepaita
oortrektrui

jakku
baadjie

takki
baadjie

takki
jas

sadetakki
reënjas

puku
kostuum

mekko
rok

hääpuku
trourok

puku
pak

yöpaita
nagrok

pyjama
pajamas

shari
sari

päähuivi
kopdoek

turbaani
tulband

burka
burqa

kaftaani
kaftan

abaya
abaya

uimapuku
swembroek

uimahousut
swembroek

shortsit
kortbroek

verkkarit
sweetpak

esiliina
voorskoot

käsineet
handskoene

nappi
knoppie

silmälasit
bril

rannekoru
armband

kaulakoru
halssnoer

sormus
ring

korvakoru
oorbel

lippalakki
pet

ripustin
klerehanger

hattu
hoed

solmio
das

vetoketju
rits

kypärä
helmet

henkselit
draadjies

koulupuku
skooluniform

univormu
uniform

ruokalappu
bib

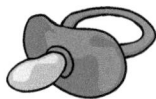

tutti
fopspeen

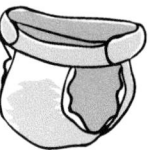

vaippa
doek

toimisto
kantoor

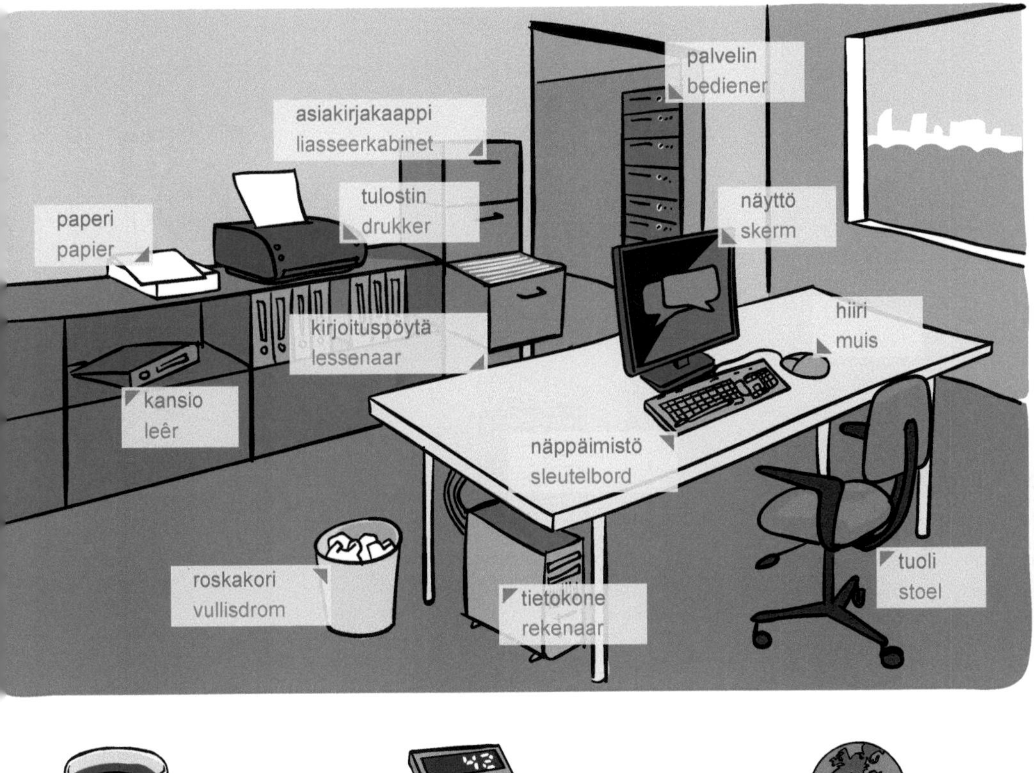

palvelin
bediener

asiakirjakaappi
liasseerkabinet

tulostin
drukker

näyttö
skerm

paperi
papier

hiiri
muis

kirjoituspöytä
lessenaar

kansio
leêr

näppäimistö
sleutelbord

roskakori
vullisdrom

tuoli
stoel

tietokone
rekenaar

kahvimuki
koffiebeker

taskulaskin
sakrekenaar

internet
internet

kannettava tietokone

skootrekenaar

kirje

brief

viesti

boodskap

kännykkä

selfoon

verkko

netwerk

kopiokone

fotostaatmasjien

ohjelmisto

sagteware

puhelin

telefoon

pistorasia

muurprop

faksi

faksmasjien

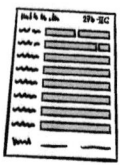

lomake

vorm

asiakirja

dokument

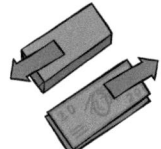

ostaa
koop

maksaa
betaal

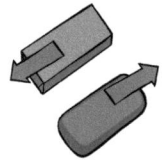

vaihtaa
besigheid doen

raha
geld

dollari
dollar

euro
euro

jeni
yen

rupla
roebel

frangi
switserse frank

renminbi juan
renminbi yuan

rupia
rupee

pankkiautomaatti
kontantteller (ATM)

rahanvaihto

bureau de change

kulta

goud

hopea

silwer

öljy

olie

energia

energie

hinta

prys

sopimus

kontrak

vero

belasting

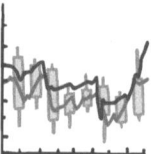

osake

aandele

työskennellä

werk

työntekijä

werknemer

työnantaja

werkgewer

tehdas

fabriek

liike

winkel

ammatit
beroepe

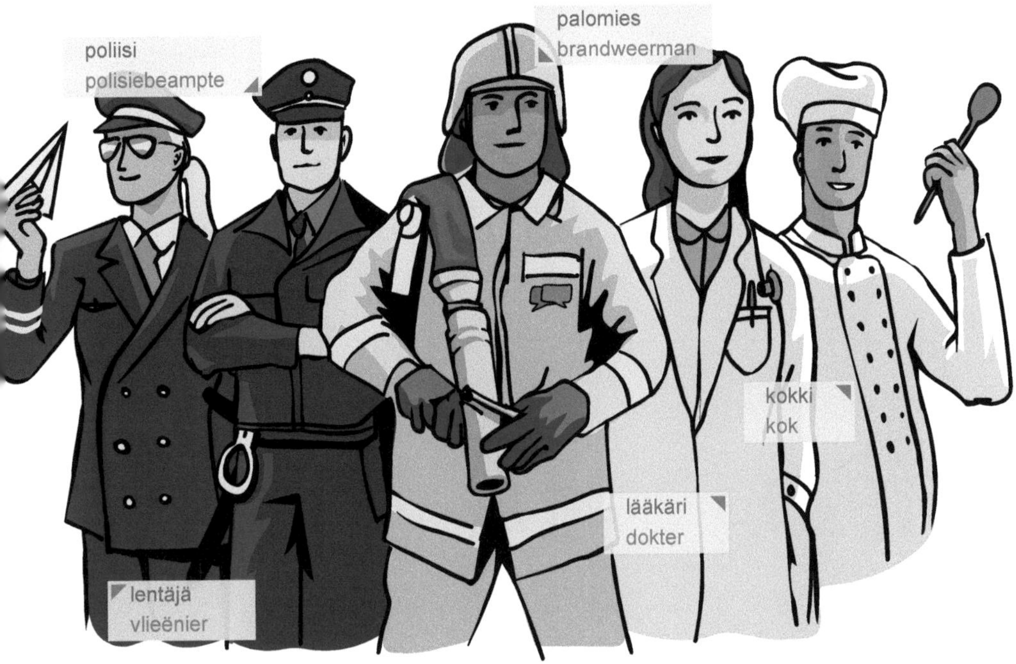
palomies
brandweerman
poliisi
polisiebeampte
kokki
kok
lääkäri
dokter
lentäjä
vlieënier

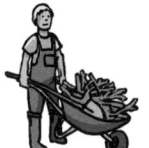

puutarhuri
....
tuinier

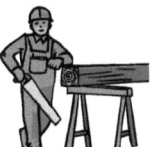

puuseppä
....
timmerman

ompelija
....
naaldwerkster

tuomari
....
regter

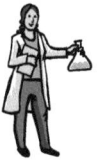

kemisti
....
chemikus

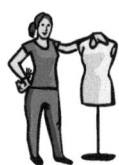

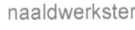

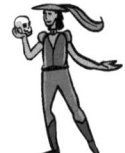

näyttelijä
....
akteur

linja-autonkuljettaja

busbestuurder

taksinkuljettaja

taxibestuurder

kalastaja

visserman

siivooja

skoonmaakvrou

katontekijä

dakwerker

tarjoilija

kelner

metsästäjä

jagter

maalari

skilder

leipuri

bakker

sähköasentaja

elektrisiën

rakentaja

bouer

insinööri

ingenieur

teurastaja

slagter

putkiasentaja

loodgieter

postinjakaja

posman

sotilas

soldaat

arkkitehti

argitek

kassanhoitaja

kassier

floristi

bloemiste

kampaaja

haarkapper

konduktööri

kondukteur

mekaanikko

werktuigkundige

kapteeni

kaptein

hammaslääkäri

tandarts

tiedemies

wetenskaplike

rabbi

rabbi

imaami

imam

munkki

monnik

pappi

predikant

työkalut
gereedskap

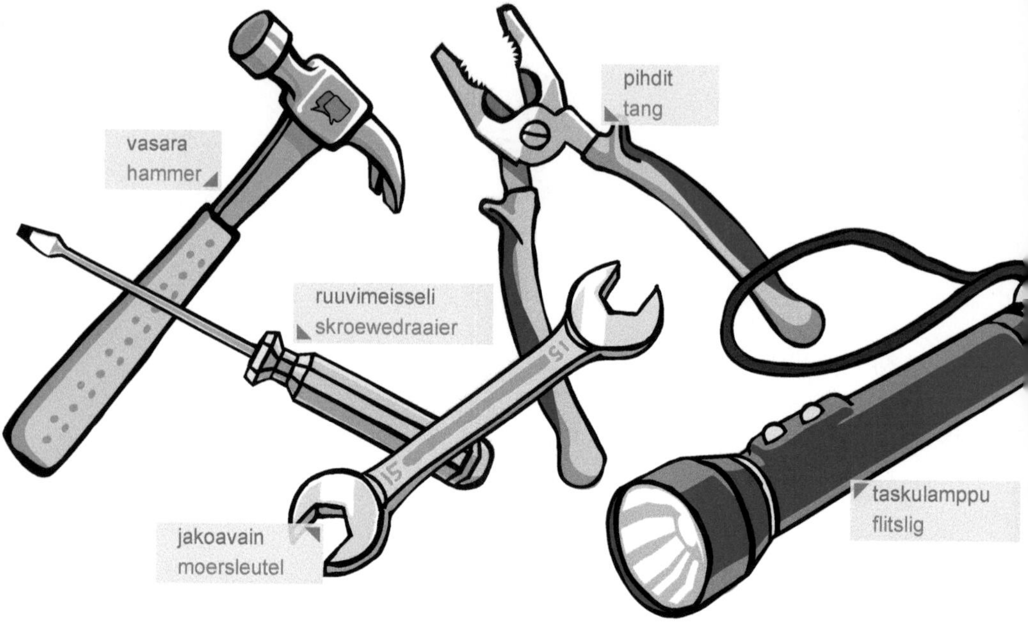
vasara
hammer
pihdit
tang
ruuvimeisseli
skroewedraaier
jakoavain
moersleutel
taskulamppu
flitslig

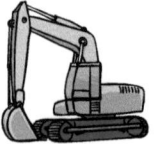

kaivinkone

graaftoestel

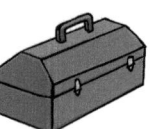

työkalupakki

gereedskapskis

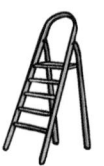

tikkaat

leer

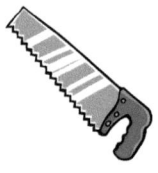

saha

saag

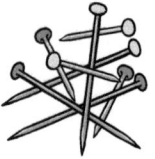

naulat

naels

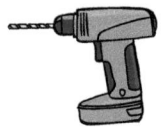

pora

boor

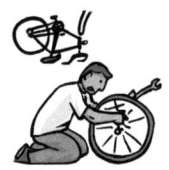

korjata

regmaak

lapio

graaf

Hitto!

verdomp!

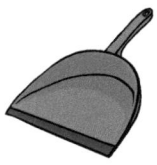

rikkalapio

skoppie

maalipurkki

verfpot

ruuvit

skroewe

soittimet

musiekinstrumente

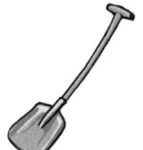

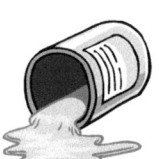

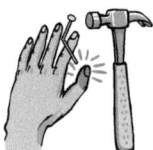

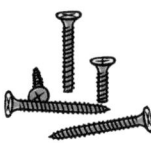

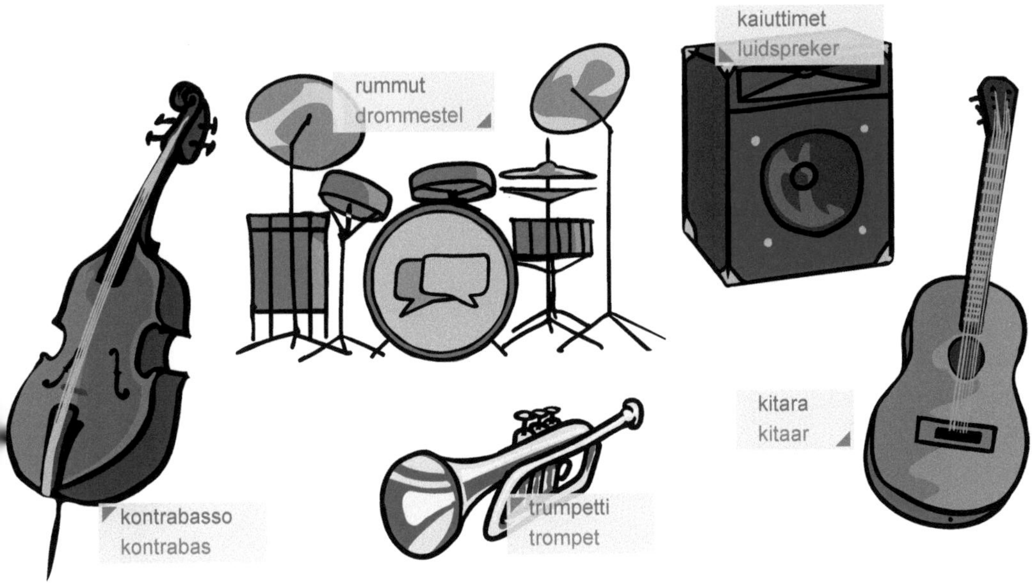
kaiuttimet
luidspreker
rummut
drommestel
kitara
kitaar
kontrabasso
kontrabas
trumpetti
trompet

piano

klavier

viulu

viool

basso

bas

patarummut

keteltrom

rumpu

dromme

kosketinsoitin

sleutelbord

saksofoni

saksofoon

huilu

fluit

mikrofoni

mikrofoon

eläintarha
dieretuin

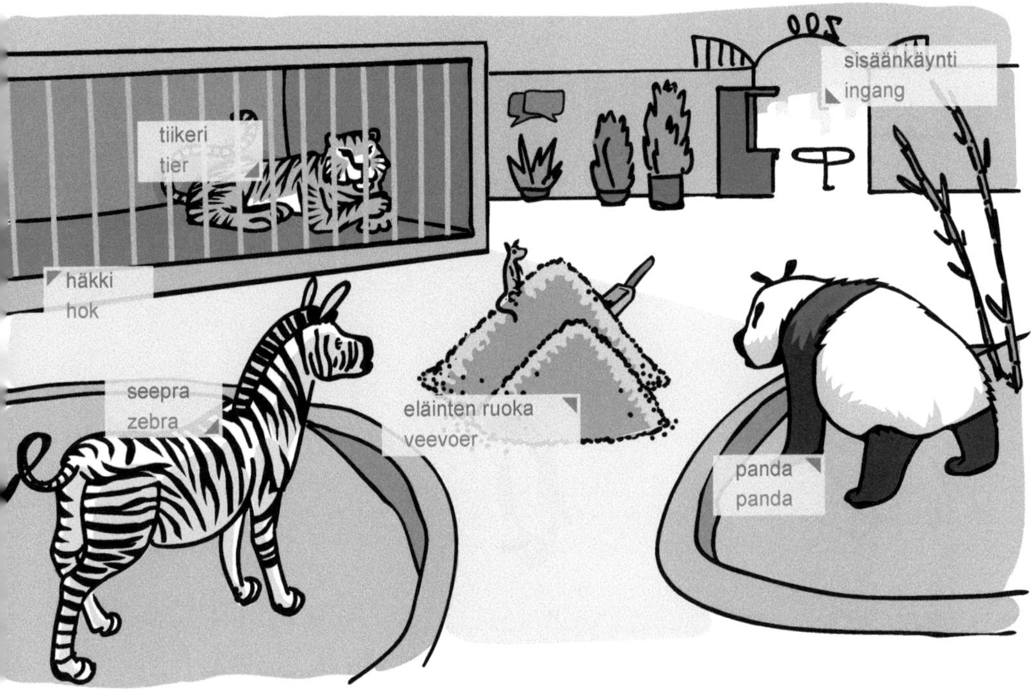

zoo
sisäänkäynti
ingang
tiikeri
tier
häkki
hok
seepra
zebra
eläinten ruoka
veevoer
panda
panda

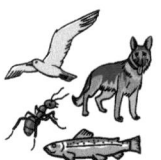

eläimet
diere

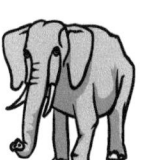

norsu
olifant

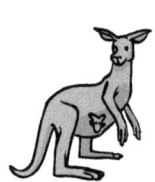

kenguru
kangaroo

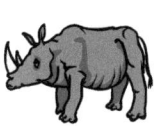

sarvikuono
renoster

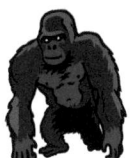

gorilla
gorilla

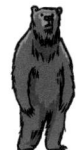

karhu
beer

kameli

kameel

strutsi

volstruis

leijona

leeu

apina

aap

flamingo

flamink

papukaija

papegaai

jääkarhu

ysbeer

pingviini

pikkewyn

hai

haai

riikinkukko

pou

käärme

slang

krokotiili

krokodil

eläintarhanhoitaja

dieretuinopsigter

hylje

rob

jaguaari

jaguar

poni
ponie

leopardi
luiperd

virtahepo
seekoei

kirahvi
kameelperd

kotka
arend

villisika
wildevark

kala
vis

kilpikonna
skilpad

mursu
walrus

kettu
jakkals

gaselli
gemsbok

eläintarha - dieretuin

amerikkalainen jalkapallo
Amerikaanse Voetbal

pyöräily
fietsry

tennis
tennis

koripallo
basketbal

uinti
swem

nyrkkeily
boks

jääkiekko
ys-hokkie

jalkapallo
sokker

sulkapallo
pluimbal

yleisurheilu
atletiek

käsipallo
handbal

hiihto
ski

poolo
polo

aktiviteetit
aktiwiteite

hypätä
spring
halata
drukkie
nauraa
lag
kävellä
loop
laulaa
sing
unelmoida
droom
rukoilla
bid
suudella
soen

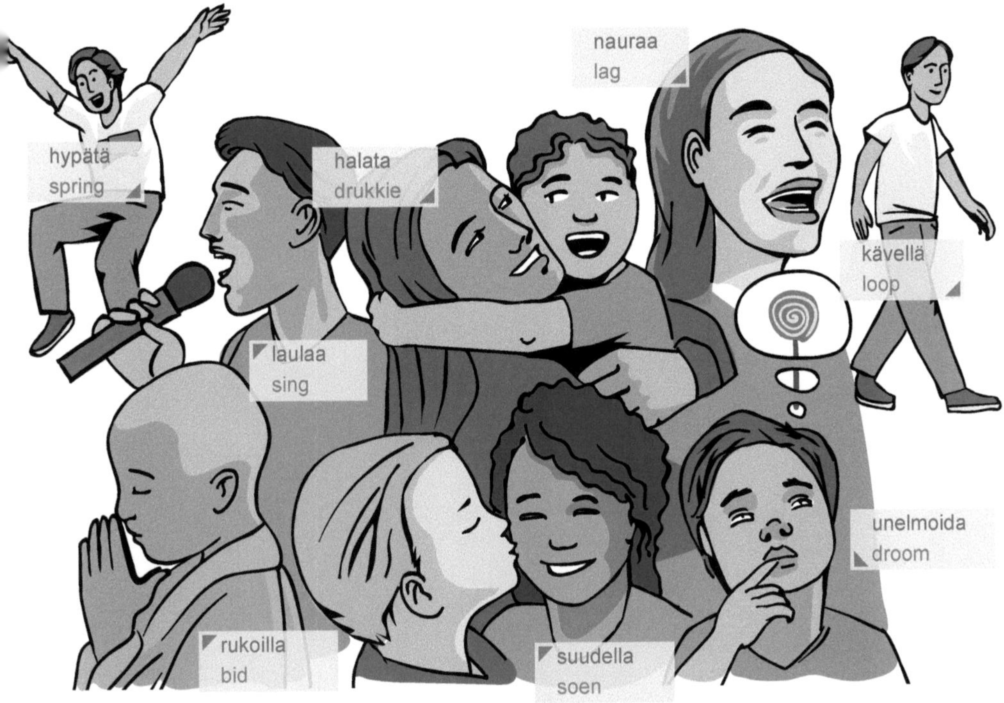

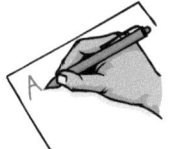

kirjoittaa

skryf

piirtää

teken

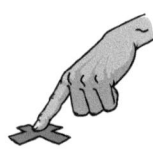

näyttää

show

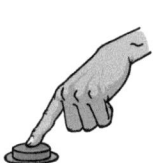

painaa

druk

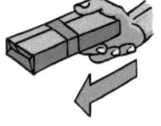

antaa

gee

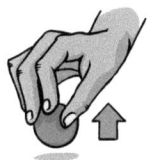

ottaa

neem

omistaa

het

tehdä

doen

olla

wees

seisoa

staan

juosta

hardloop

vetää

trek

heittää

gooi

kaatua

val

maata

jok

odottaa

wag

kantaa

dra

istua

sit

pukeutua

aantrek

nukkua

slaap

herätä

wakker word

katsoa
kyk na

itkeä
huil

silittää
streel

kammata
kam

puhua
praat

ymmärtää
verstaan

kysyä
vra

kuunnella
luister

juoda
drink

syödä
eet

siivota
opruim

rakastaa
liefhê

keittää
kook

ajaa
ry

lentää
vlieg

purjehtia
seil

laskea
bereken

lukea
lees

oppia
leer

työskennellä
werk

mennä naimisiin
trou

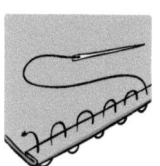

ommella
naai

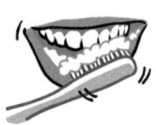

pestä hampaat
tande borsel

tappaa
doodmaak

tupakoida
rook

lähettää
stuur

aktiviteetit - aktiwiteite

perhe
familie

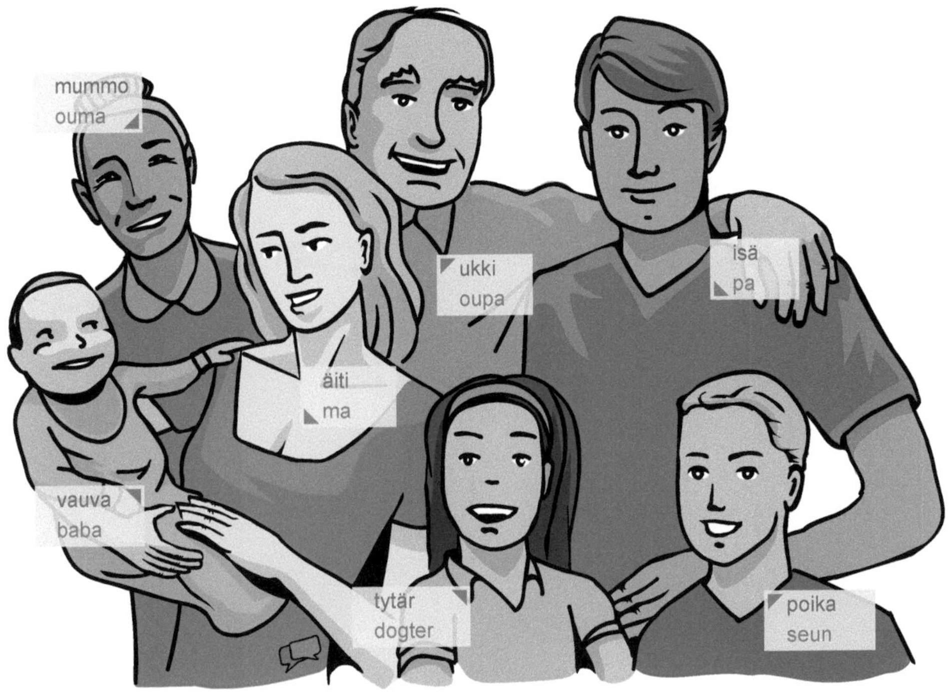
mummo
ouma
ukki
oupa
isä
pa
äiti
ma
vauva
baba
tytär
dogter
poika
seun

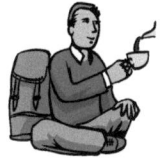

vieras

gas

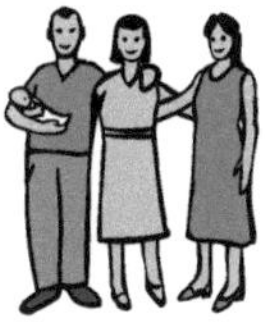

täti

tannie

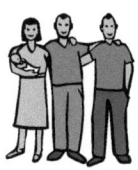

setä

oom

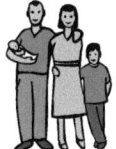

veli

broer

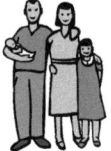

sisko

suster

vartalo
liggaam

otsa
voorkop
silmä
oog
olkapää
skouer
sormet
vinger
kasvot
gesig
leuka
ken
käsi
hand
jalka
been
rinta
bors
käsivarsi
arm

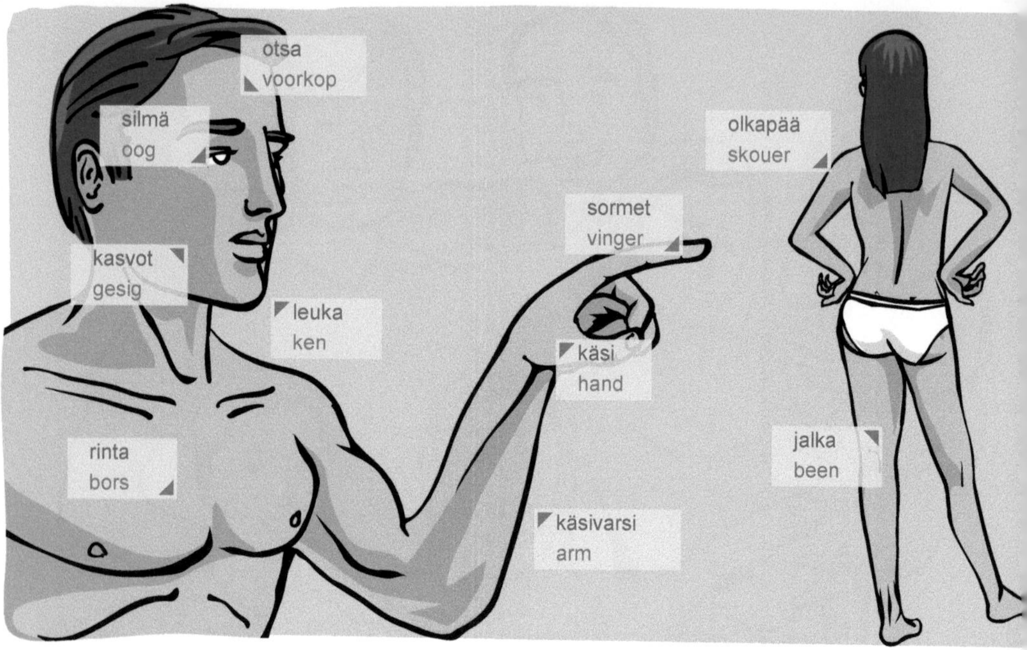

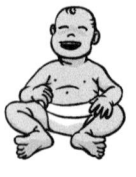

vauva

baba

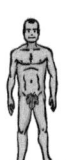

mies

man

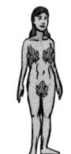

nainen

vrou

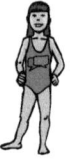

tyttö

meisie

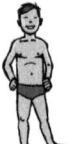

poika

seun

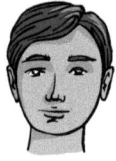

pää

kop

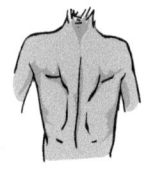

selkä
rug

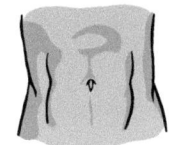

maha
buik

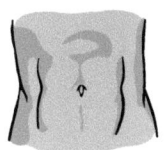

napa
naelstring

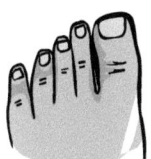

varvas
toon

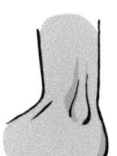

kantapää
hak

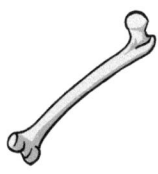

luu
been

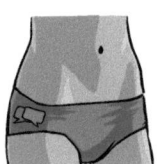

lantio
heup

polvi
knie

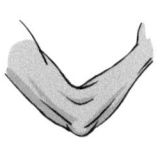

kyynärpää
elmboog

nenä
neus

takapuoli
boude

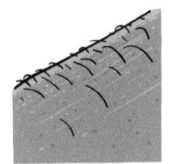

iho
vel

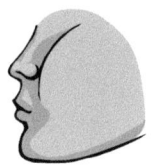

poski
wang

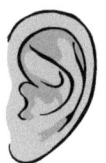

korva
oor

huuli
lippe

suu

mond

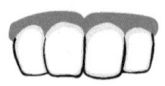

hammas

tand

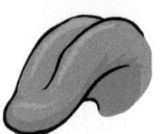

kieli

tong

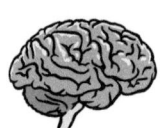

aivot

brein

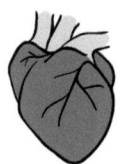

sydän

hart

lihas

spiere

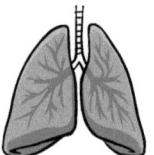

keuhkot

long

maksa

lewer

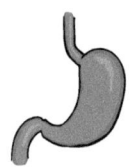

vatsa

maag

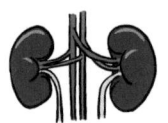

munuaiset

niere

seksi

seks

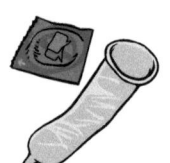

kondomi

kondoom

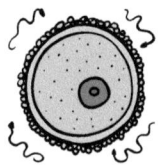

munasolu

eierstok

sperma

semen

raskaus

swangerskap

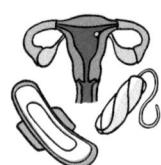

kuukautiset

menstruasie

vagina

vagina

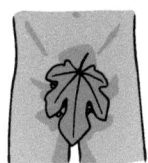

penis

penis

kulmakarvat

wenkbrou

hiukset

hare

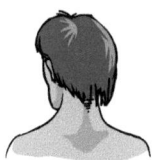

niska

nek

sairaala
hospitaal

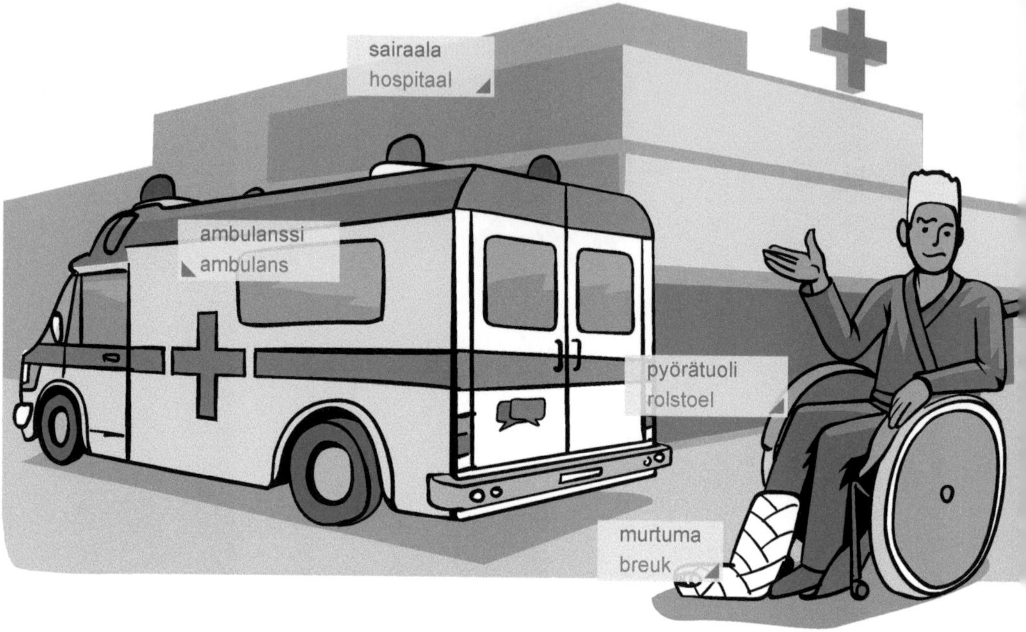

ambulanssi
ambulans

pyörätuoli
rolstoel

murtuma
breuk

lääkäri

dokter

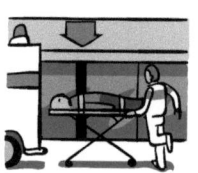

ensiapu

ongevalle

sairaanhoitaja

verpleegster

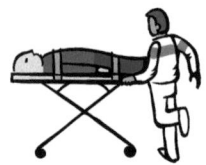

hätätilanne

noodgeval

tajuton

bewusteloos

kipu

pyn

sairaala - hospitaal

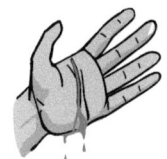	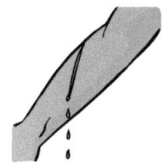	
vamma	verenvuoto	sydänkohtaus
besering	bloeding	hartaanval

aivoinfarkti	allergia	yskä
beroerte	allergie	hoes

kuume	flunssa	ripuli
koors	griep	diarree
	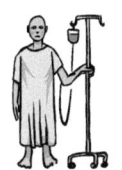	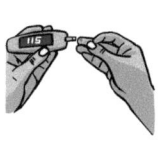
päänsärky	syöpä	diabetes
hoofpyn	kanker	diabetes
	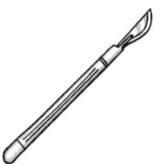	
kirurgi	veitsi	leikkaus
chirurg	skalpel	operasie

ct
CT

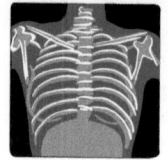

röntgen
X-straal

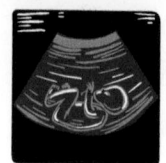

ultraääni
ultraklank

maski
gesigmasker

sairaus
siekte

odotushuone
wagkamer

sauva
kruk

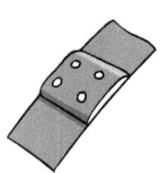

laastari
gips

side
verband

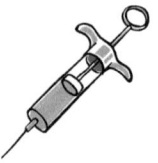

pistos
inspuiting

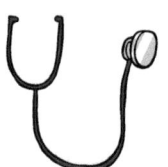

stetoskooppi
stetoskoop

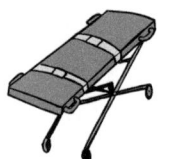

paarit
draagbaar

kuumemittari
kliniese termometer

syntymä
geboorte

ylipaino
oorgewig

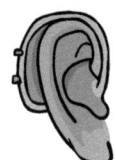

kuulolaite

gehoorapparaat

desinfiointiaine

ontsmettingsmiddel

infektio

infeksie

virus

virus

HIV / AIDS

MIV / vigs

lääke

medisyne

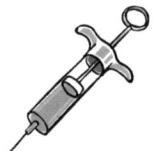

rokotus

inenting

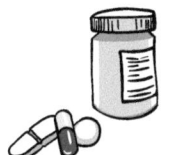

tabletit

tablette

pilleri

pil

hätäpuhelu

noodoproep

verenpainemittari

blooddrukmonitor

sairas / terve

siek / gesond

Apua!

Help!

hälytys

alarm

ryöstö

aanranding

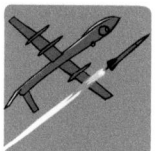

hyökkäys

aanval

vaara

gevaar

hätäuloskäynti

nooduitgang

Tulipalo!

Brand!

palosammutin

brandblusser

onnettomuus

ongeluk

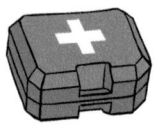

ensiapulaukku

noodhulpkissie

SOS

SOS

poliisilaitos

polisie

Eurooppa

Europa

Pohjois-Amerikka

Noord-Amerika

Etelä-Amerikka

Suid-Amerika

Afrikka

Afrika

Aasia

Asië

Australia

Australië

Atlantin valtameri

Atlantiese Oseaan

Tyynimeri

Stille Oseaan

Intian valtameri

Indiese Oseaan

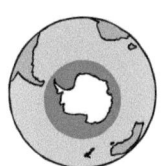

Eteläinen jäämeri

Antarktiese Oseaan

Pohjoinen jäämeri

Arktiese Oseaan

pohjoisnapa

Noordpool

etelänapa

Suidpool

Antarktis

Antarktika

maa

aarde

maa

land

meri

see

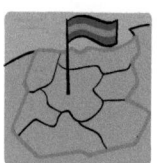

saari

eiland

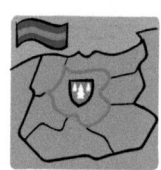

kansa

nasie

osavaltio

staat

kellotaulu

horlosie

tuntiviisari

uur-aanwyser

minuuttiviisari

minuut-aanwyser

sekuntiviisari

sekonde-aanwyser

Paljonko kello on?

Hoe laat is dit?

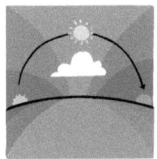

päivä

dag

aika

tyd

nyt

nou

digitaalikello

digitale horlosie

minuutti

minuut

tunti

uur

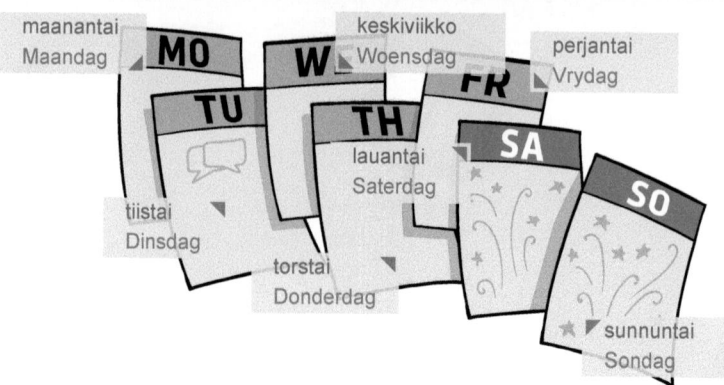

maanantai
Maandag

keskiviikko
Woensdag

perjantai
Vrydag

tiistai
Dinsdag

lauantai
Saterdag

torstai
Donderdag

sunnuntai
Sondag

eilen
....
gister

tänään
....
vandag

huomenna
....
môre

aamu
....
oggend

keskipäivä
....
middag

ilta
....
aand

MO	TU	WE	TH	FR	SA	SU
1	2	3	4	5	6	7
8	9	10	11	12	13	14
15	16	17	18	19	20	21
22	23	24	25	26	27	28
29	30	31	1	2	3	4

työpäivät
....
werksdae

MO	TU	WE	TH	FR	SA	SU
1	2	3	4	5	6	7
8	9	10	11	12	13	14
15	16	17	18	19	20	21
22	23	24	25	26	27	28
29	30	31	1	2	3	4

viikonloppu
....
naweek

sade
reën

sateenkaari
reënboog

lumi
sneeu

tuuli
wind

kevät
lente

kesä
somer

syksy
Herfs

talvi
winter

4.APRIL	11°	☀
5.APRIL	4°	⛆
6.APRIL	13°	⛆
7.APRIL	8°	☀
8.APRIL	10°	☀

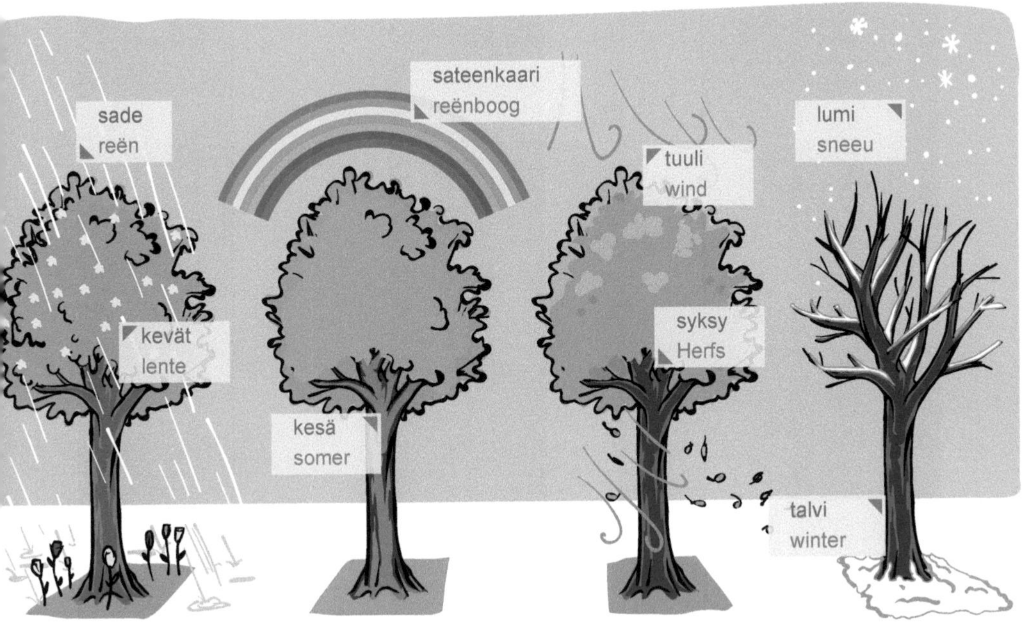

sääennuste

weervoorspelling

lämpömittari

termometer

auringonpaiste

sonskyn

pilvi

wolk

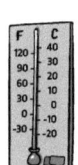

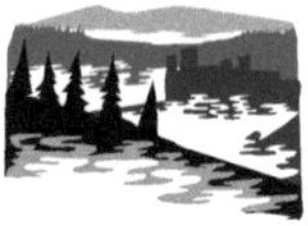

sumu

mis

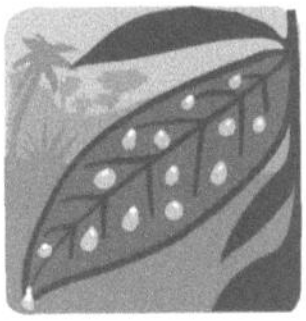

ilmankosteus

humiditeit

salama
weerlig

ukkonen
donderweer

myrsky
storm

rae
hael

monsuuni
reënseisoen

tulva
vloed

jää
ys

tammikuu
Januarie

helmikuu
Februarie

maaliskuu
Maart

huhtikuu
April

toukokuu
Mei

kesäkuu
Junie

heinäkuu
Julie

elokuu
Augustus

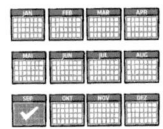

syyskuu
....
September

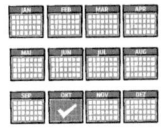

lokakuu
....
Oktober

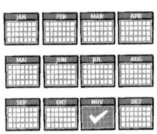

marraskuu
....
November

joulukuu
....
Desember

muodot
vorms

ympyrä
....
sirkel

neliö
....
vierkant

suorakulmio
....
reghoek

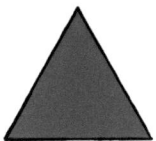

kolmio
....
driehoek

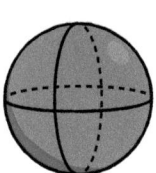

pallo
....
gebied

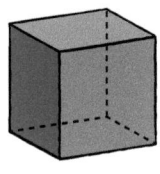

kuutio
....
kubus

valkoinen

wit

keltainen

geel

oranssi

oranje

vaaleanpunainen

pink

punainen

rooi

violetti

pers

sininen

blou

vihreä

groen

ruskea

bruin

harmaa

grys

musta

swart

paljon / vähän

'n baie / 'n bietjie

vihainen / ystävällinen

kwaad / kalm

kaunis / ruma

pragtig / lelik

alku / loppu

begin / einde

suuri / pieni

groot / klein

vaalea / tumma

helder / donker

veli / sisko

broer / suster

puhdas / likainen

skoon / vuil

täydellinen / epätäydellinen

volledige / onvolledige

päivä / yö

dag / nag

kuollut / elävä

dood / lewendig

leveä / kapea

wyd / smal

syötävä / syömäkelvoton
eetbare / oneetbaar

paha / kiltti
kwaad / vriendelik

innostunut / tylsistynyt
opgewonde / verveeld

lihava / laiha
vet / maer

ensimmäinen / viimeinen
eerste / laaste

ystävä / vihollinen
vriend / vyand

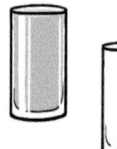

täysi / tyhjä
vol / leeg

kova / pehmeä
hard / sag

painava / kevyt
swaar / lig

nälkä / jano
honger / dors

sairas / terve
siek / gesond

laiton / laillinen
onwettige / wettige

älykäs / tyhmä
slim / dom

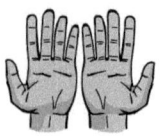

vasen / oikea
links / regs

lähellä / kaukana
naby / vêr

uusi / käytetty

nuut / tweedehands

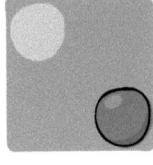

ei mitään / jotain

niks / iets

vanha / nuori

oud / jonk

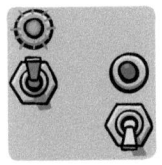

päällä / pois päältä

aan / af

auki / kiinni

oop / toe

hiljainen / äänekäs

stil / lawaaierig

rikas / köyhä

ryk / arm

oikein / väärin

reg / verkeerd

karhea / sileä

grof / glad

surullinen / iloinen

hartseer / gelukkig

lyhyt / pitkä

kort / lank

hidas / nopea

stadig / vinnig

märkä / kuiva

nat / droog

lämmin / viileä

warm / koel

sota / rauha

oorlog / vrede

0

nolla
nul

1

yksi
een

2

kaksi
twee

3

kolme
drie

4

neljä
vier

5

viisi
vyf

6

kuusi
ses

7

seitsemän
sewe

8

kahdeksan
agt

9

yhdeksän
nege

10

kymmenen
tien

11

yksitoista
elf

12

kaksitoista

twaalf

13

kolmetoista

dertien

14

neljätoista

veertien

15

viisitoista

vyftien

16

kuusitoista

sestien

17

seitsemäntoista

sewentien

18

kahdeksantoista

agtien

19

yhdeksäntoista

negentien

20

kaksikymmentä

twintig

100

sata

honderd

1.000

tuhat

duisend

1.000.000

miljoona

miljoen

englanti

Engels

amerikanenglanti

Amerikaanse Engels

mandariinikiina

Mandaryns

hindi

Hindi

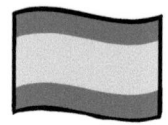

espanja

Spaans

ranska

Frans

arabia

Arabies

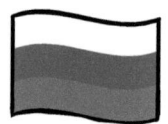

venäjä

Russies

portugali

Portugees

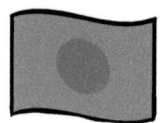

bengali

Bengaals

saksa

Duits

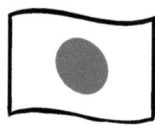

japani

Japanees

minä

Ek

sinä

jy

hän

hy / sy / dit

me

ons

te

julle

he

hulle

kuka?

wie?

mitä / mikä?

wat?

miten?

hoe?

missä?

waar?

milloin?

wanneer?

nimi

naam

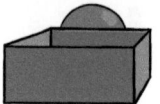

takana

agter

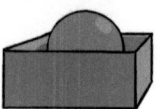

sisällä

in

edessä

voor

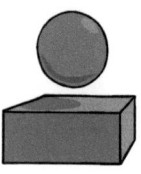

yläpuolella

oor

päällä

bo-op

alapuolella

onder

vieressä

langs

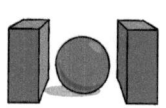

välissä

tussen

paikka

plek